AF392962

MEMOIRE

RELATIF AU PROJET D'UNE *Histoire Générale de la Province de Normandie.*

'HISTOIRE de la Normandie ancienne & moderne est une des Histoires de Province que le Public paroît désirer avec le plus d'empressement. C'est aussi une des plus utiles & des plus intéressantes. Cette grande Province, le plus beau Fleuron de la Couronne, la Prunelle de l'œil de l'Etat, ainsi que l'appelle un Auteur célébre de nos jours, a été dans tous les temps le théatre des plus grands événemens ; ses Peuples se sont distingués dans tous les genres ; ils ont porté la terreur de leurs armes presque dans toutes les parties de l'Europe, & jusques dans l'Asie ; il est peu d'Histoires qui puissent répandre plus de lumiére sur les mœurs & les usages anciens de la Nation, sur l'origine des Jurisdictions & des Loix, sur la nature des Bénéfices & des Fiefs, sur le progrès des Sciences, des Arts, & du Commerce.

L'Ami des Hommes. Mémoire sur les Etats Provinciaux.

D'où vient donc que nous en sommes encore à former des vœux pour l'Histoire de cette belle Province ? On ne dira pas qu'elle ait manqué de Sujets capables de rendre ce service au Public, & cet hommage à leur patrie. Dans l'espace d'un siécle & demi l'on compte parmi ses enfans près de cinq cens Auteurs qui, avec différens dégrés de mérite, & en différens genres de littérature, ont

A

enrichi le Public de leurs Ouvrages : fécondité prodigieufe, qui lui a
mérité le titre glorieux de Mere & de Nourrice des Sçavans.

Mais il femble que plus cette Hiftoire eft intéreffante, moins il foit
facile de fatisfaire à cet égard les vœux du Public. Nous en fentons
toutes les difficultés : cependant elles ne nous rebutent point. Une
ample moiffon de Collections que nous avons déja faites fur cette ma-
tiére ; de riches porte-feuilles que nous ont laiffés ceux qui nous ont
précédés dans le travail qui nous occupe aujourd'hui ; & plus que
tout cela l'efpérance où nous fommes que le Public éclairé voudra
bien venir à notre fecours , nous infpirent cette confiance. Voici
quelle fera la marche de cet important Ouvrage.

1°.Nous donnerons une Topographie exacte de tous les lieux de la Province, fuivant fes anciennes & nouvelles bornes. Après un difcours général fur cet objet, on y trouvera rangée par ordre alphabétique la defcription détaillée de toutes les Villes, Bourgs, Paroiffes, Châteaux, Chapi-
tres , Abbayes , Prieurés , Chapelles , & généralement de tous les
lieux de quelque confidération , avec tout ce qui pourra piquer la
curiofité du Lecteur , ou intéreffer fes droits.

2°. Suivra le corps de l'Hiftoire , qui repréfentera tous les événemens , tant Eccléfiaftiques que Civils & Militaires , dont la Province
a été le théatre , ou dont elle a fourni les Acteurs , depuis les premiers temps jufqu'à nos jours.

3°. Le tout fera terminé par le Nobilier , qui ne fera pas la par-
tie la moins intéreffante & la moins féconde.

Tel eft en peu de mots le grand Ouvrage qui nous occupe depuis plufieurs années. Pour lui donner toute la perfection dont il eft fufcepti-
ble , il eft néceffaire que le Public lui-même travaille à le rendre digne
de lui être offert , qu'il nous aide de fes lumieres , qu'il nous faffe part
de fes connoiffances. Il faudroit que dans chaque Ville , chaque Bourg ,
chaque Village , quelqu'un voulût bien fe charger de faire en quelque
façon l'Hiftoire des lieux qu'il habiteroit , ou qu'il connoîtroit plus
particuliérement , ou au moins une defcription fimple , mais exacte , de
l'état des chofes telles qu'il les auroit fous les yeux. Ces Mémoires
nous fourniroient un grand nombre de Faits intéreffans & d'Anecdo-
tes curieufes , qu'eux feuls peuvent nous apprendre. Ils formeroient
comme une Carte raifonnée & détaillée de tout le terrein que nous
fommes obligés d'aller reconnoître , & nous empêcheroient de donner dans mille écarts qu'il eft impoffible d'éviter lorfqu'on ne connoît
pas exactement le local.

C'eft uniquement pour demander ces fecours que nous nous adreffons aujourd'hui aux gens de lettres & à tous ceux qui s'intéreffent à l'honneur & aux avantages de la Province. Pour leur faciliter les moyens de nous inftruire , nous prenons la liberté de leur propofer un nombre de queftions relatives à l'Hiftoire particuliere des lieux. Elles n'expriment pas tous nos befoins ; mais les perfonnes éclairées les connoiffent. Il leur fera facile d'ajouter à leurs réponfes les autres inftructions qu'elles croiront néceffaires. Nous ferons très-flattés de pouvoir leur en témoigner notre reconnoiffance , & leur en faire honneur devant le Public.

I.

NOM DES LIEUX.

Quel eft en François le nom du lieu dont on fera la defcription , ou dont on aura occafion de parler ? Quelles font les différentes maniéres de l'écrire & de le prononcer ? Quelle eft la plus correcte , ou la plus fuivie ? Quel eft celui que lui donnent les anciens Auteurs , les titres latins & les anciennes chartres ? Quelle eft la date de ces titres & de ces chartres ? En a-t-il porté quelqu'autre dans les fiécles antérieurs ? Quel eft-il ? Quelle eft l'étymologie de ces différens noms , ou quelle eft la raifon pour laquelle ces noms ont été donnés ? S'il n'y en a point que l'on connoiffe avec certitude , n'en eft-il pas que l'on puiffe conjecturer avec vraifemblance , eû égard à la fituation du lieu , à la nature du terrein fur lequel il eft affis , aux productions particulieres du Pays , aux faits qui s'y feroient paffés , aux mœurs & au génie des peuples qui l'habitent , ou qui l'ont habité anciennement ?

I I.

SITUATION.

A quelle diftance ce lieu eft-il de la Capitale de la Province , & des autres Villes & Bourgs les plus proches ? Dans quel afpect par rapport à eux ? Au midi ou au nord , à l'orient ou au couchant ? Quels font fes dégrés de longitude & de latitude ? Comment eft-il fitué ? Dans une Vallée ou dans une Plaine ? Sur le haut d'une Montagne , ou fur le penchant d'une Colline ? Sur un Ruiffeau , ou le long d'une Riviere ? à leur fource , ou à leur embouchure ?

Dans les environs d'un Bois , ou d'une Forêt ? Au bord d'un Etang ,
d'un Marais , ou d'un Lac ? Au confluent de deux Rivieres ? Auprès
d'une ou de plufieurs Ifles ? Sa fituation eft-elle agréable ? Les
vues en font-elle belles , étendues , ou bornées ? Quel eft le nom
des Ruiffeaux ou des Rivieres qui y paffent ? quel eft leur cours ?
Eft-il lent ou rapide ? Quelle eft la nature & la profondeur de leur
lit ? Quelle eft l'efpéce de poiffons qui y abonde plus particuliérement ? Quelles font les qualités de leurs eaux ? Font-ils tourner
quelques Moulins ? Combien y en a-t-il ? A quels ufages fervent-ils ?
La Riviere eft-elle navigable ? Ne portoit-elle point anciennement
des vaiffeaux plus confidérables qu'elle ne fait aujourd'hui ? A quoi
peut-on attribuer ce changement?

III.

ÉTAT ANCIEN ET ACTUEL.

Qu'eft-ce que ce lieu ? Dans quel temps a-t-il commencé d'être
connu ? Eft-ce une Ville , un Bourg , un Village , ou un fimple Hameau ? L'ont-ils toujours été ? Ce Hameau n'étoit-il point autrefois
un Village , un Bourg , & même une Ville ? Cette Ville , au contraire , n'étoit-elle point anciennement un Bourg , un Village , un Hameau ? Dans quel fiécle ces revolutions font-elles arrivées ? Qu'eft-ce
qui y a donné occafion ? Quelle étoit autrefois & quelle eft aujour-
d'hui la figure & l'enceinte de ce lieu ? Eft-il fortifié ? En quoi confiftent fes fortifications ? A-t-il des eaux foit de Puits , foit de Fontaines , en affez grande quantité pour fuffire aux befoins de fes habitans ? Quels font fes Edifices publics & autres , dignes d'attention
par leur grandeur , leur beauté , leur ancienneté , leur fituation , ou
par quelqu'autre fingularité remarquable ? Combien y a-t-il d'Habitans , de maifons , feux , ou Chefs de famille ? Le nombre n'en eft-
il point augmenté ou diminué ? Dans quel temps à peu près s'eft
faite cette augmentation ou diminution ? Quelle en a été la caufe ?
Quel eft depuis l'efpace de dix ans le nombre des Morts & des Naif-
fances ? Y a-t-il dans ce Village , aux environs de ce Bourg , dans
la Banlieue de cette Ville , quelques Hameaux ? Combien y en a-
t-il ? Quel eft leur nom ?

IV.

GOUVERNEMENT CIVIL ET MILITAIRE.

De quel Gouvernement eſt ce lieu , de quel Parlement , Chambre des Comptes , Cour des Aides , Généralité , Bailliage , Vicomté , Election , Sergenterie ? Par qui s'exerce la Police ? Par des Maires & Echevins , ou par des Juges particuliers ? Les Juges de Police , Maires & Echevins ſont-ils en titre , ou ſont-ils électifs ? Y a-t-il un Etat Major , une Maréchauſſée , une Milice Bourgeoiſe ? Quelles ſont les autres Juriſdictions de ce lieu ? Quelle eſt l'étendue de leur reſſort , ou quel eſt le nombre & le nom des Paroiſſes qui en dépendent ? Dans quel temps tous ces différens Corps & Juriſdictions ont-ils été établis ? Quelles révolutions ou changemens ont-ils éprouvés ? Quel eſt le nombre des Officiers qui les compoſent ? Quels ſont leurs Droits , Priviléges , Exemptions ? Combien ces Charges ou Commiſſions produiſent-elles de revenu ? Combien coutent-elles de finance ? Qui eſt-ce qui y nomme ? Ce lieu jouit-il de quelques Droits , Priviléges , Exemptions ? Par qui ces Droits & Priviléges ont-ils été accordés , & dans quel temps ? Quelles ſont ſes Charges , & en quoi conſiſtent-elles ? Quels ſont ſes Impôts ? Quels ſont ſes revenus ? A quoi les uns & les autres peuvent-ils monter , année commune ?

V.

GOUVERNEMENT ECCLÉSIASTIQUE.

De quel Evêché , Officialité , Archidiaconé , Doyenné , ce lieu dépend-il ? N'eſt-il point lui-même le Chef-lieu de quelques-unes de ces Juriſdictions ? L'a-t-il toujours été ? Quelle eſt l'étendue préciſe des unes & des autres , tant ancienne qu'actuelle , ou quel eſt le nom & le nombre des Paroiſſes qui dépendent de cet Evêché , de cette Officialité , de cet Archidiaconé , de ce Doyenné ? Toutes les Paroiſſes compriſes dans cette étendue ſont-elles toutes exactement ſoumiſes à l'Ordinaire ? Quelques-unes d'entr'elles n'ont-elles point été ſouſtraites à ſa Juriſdiction en faveur de quelqu'Egliſe ou Dignité de Cathédrale , à laquelle les Souverains Pontifes auroient accordé une Exemption ? Quel eſt le Chef-lieu de cette Exemption ? Par quel

Pape a-t-elle été établie ? L'Evêque Diocèsain, & les autres de la Province
y ont-ils consenti ? Quelle est son étendue , ou combien de Paroisses &
de Chapelles en dépendent ? Y a-t-il une Cure ou Paroisse dans le lieu dont
on parle ? Y en a-t-il plusieurs ? Y en a-t-il à plusieurs portions ? Sont-ce
des Prieurés-Cures, ou autrement ? Quel est à peu près leur revenu ? Combien payent-elles de décimes? Qui en est le Collateur & le Patron ? Sont-
elles sujettes au droit de Déport ? Quand ont-elles commencé d'y être
assujetties ? Quelle est l'origine de ce Droit ? Y a-t-il quelques Anne-
xes ou Succursales ? N'étoit-ce point anciennement des Eglises Paroif-
siales ? Quand ont-elles cessé de l'être ? Quel est leur nom ?

V I.

ÉGLISES ET MONASTERES.

Y a-t-il dans ce lieu quelques Eglises Cathédrales ou Collégiales ?
Quelles sont les Dignités du Chapitre , le nombre & le revenu des
Prébendes? Y a-t-il quelques Abbayes , Prieurés , Commanderies ,
Chapelles , Couvens d'Hommes ou de Filles ? Quel est leur nom ,
leur Ordre, leur revenu , leurs décimes ? Quels sont leurs Fondateurs ,
Bienfaiteurs , Restaurateurs ? Dans quel siécle ont-ils vécu ? Dans quelle
année ont-ils fondé ces Eglises ? Quelle est la suite des Evêques ,
Doyens , Abbés , Prieurs , & autres ? Quelques-uns d'entr'eux se-
font-ils rendus célébres par quelqu'endroit , par la sainteté de leur
vie , par leur science , leurs talents , les bienfaits dont ils auroient com-
blé ces Eglises , la splendeur qu'ils leur auroient procurée , ou autrement ? Quels sont les noms des Saints sous l'invocation desquels
toutes les Eglises du lieu sont dédiées ? Par quel Evêque , & dans
quel temps l'ont-elles été ? Jouissent-elles, ou ont-elles joui anciennement de quelques Priviléges extraordinaires ? Par qui , dans quel
temps , & à quelle occasion ces Priviléges leur ont-ils été accordés ? Pourquoi n'en jouissent-elles plus aujourd'hui ? Qu'y a-t-il dans
ces Eglises & Monasteres qui mérite l'attention des curieux , des ama-
teurs du beau & de l'antique ? Y a-t-il de la grandeur & de la
majesté dans les Edifices, de la beauté dans les Ornemens ? Y voit-
on quelques tombeaux , sépultures , épitaphes , tableaux , reliques ,
& autres monumens dignes de remarque ? N'y a-t-il rien d'extraordinaire , de singulier , de bizarre , dans les cérémonies & coutumes
qui ont eû lieu anciennement dans ces Eglises ? N'en reste-t-il plus
aucuns vestiges ?

VII.

ÉTABLISSEMENS UTILES.

Quels font les établiffemens utiles du lieu ? Y a-t-il quelqu'Académie ou Société Littéraire ? Des Colléges ou Ecoles publiques pour l'un & l'autre fexe ? Ces Ecoles font-elles fondées ? Par qui , & dans quel temps l'ont-elles été ? Qu'eft-ce que l'on y enfeigne ? Quels font les appointemens des Maîtres ou Profeffeurs ? Y a-t-il des Compagnies de l'Arc , de l'Arbalête , du Papegay , du Pavoie , ou autres jeux & exercices propres à donner de la vigueur au corps , à aguerrir les peuples , & les rendre habiles dans le maniement des armes ? Dans quel temps ces Compagnies ont-elles été créées ? Quels font leurs Statuts ? Quels font leurs Priviléges ? Y a-t-il quelques Confrairies inftituées pour le foulagement des pauvres & des malades , pour la fépulture & enterremens des morts , ou pour quelqu'autre œuvre pieufe & chrétienne ? Y a-t-il quelqu'Hôpital , Hôtel-Dieu , Maladrerie , Léproferie ? En quoi confiftent les revenus de ces Maifons ? A quelles conditions ont-elles été fondées , par qui , & dans quel temps ? Comment font-elles adminiftrées ? Ces Hôpitaux ont-ils des Eglifes ou Chapelles qui leur foient particulieres ? Sous l'invocation de quels Saints ont-elles été dédiées ? Par qui font-elles deffervies ?

VIII.

FIEFS ET SEIGNEURIES.

Le lieu dont on parle a-t-il des Armoiries ? Dans quel temps , à quelle occafion , par qui ont-elles été accordées ? Sont-ce des Armes parlantes ? Que fignifient-elles , ou à quoi font-elles allufion ? La Seigneurie du lieu eft-elle un Fief de dignité , comme Principauté , Duché , Marquifat , Comté , Baronnie , Châtellenie , ou fimple Fief ? Y en a-t-il plufieurs ? Qui font-ils , & de qui relevent-ils ? Quelles font les redevances fingulieres attachées à ces Fiefs ? Quels font leurs droits, tels que ceux de Patronage , de haute , moyenne & baffe Juftice ? Quelle eft la date des titres qui conftatent ces droits & redevances ? Dans quel temps , & en faveur de qui ces terres ont-elles été érigées en Principauté , Duché , Marquifat , Comté , Baronnie , Châtellenie , Fief de Haubert ? En général quand eft-ce que les Fiefs ont commencé dans la Province ? Quelle étoit la nature de ces premiers Fiefs ? En quoi différoient-ils de ceux d'aujourd'hui ? Qui font ceux auxquels étoient annéxées les dignités héréditaires de Connétable, Senéchal, Chambellan, Maréchal, Porte-Etendart, Grand-Bouteiller, Pannetier, Vidame, Réformateur des poids & mefures de Normandie ? Ces offices ou dignités étoient-elles réellement unies à des terres ? Sont-elles de la création des Ducs ? Etoient-elles toutes également héréditaires ? Quelle eft la fuite des Seigneurs des grandes terres, & des grands Officiers du Duché dans tous les temps ? Qui font les Perfonnes nobles actuellement exiftantes dans le Pays ? Quelles font leurs Armes ? Quelle Généalogie s'attribuent-elles ? Quels font leurs Titres ? Quelles font les preuves fur lefquelles elles s'appuient ? Le Château ou Manoir feigneurial a-t'il de la grandeur & de la magnificence ? En quoi cela confifte-t'il ? Quels font les autres Châteaux du lieu qui méritent d'être remarqués ?

I X.

É V É N E M E N S   R E M A R Q U A B L E S.

Quels font les faits mémorables, intéreffans & curieux qui fe font paffés dans ce lieu ? S'y eft-il donné des Batailles ? A-t'il foutenu des Siéges ? S'y eft-il tenu quelque Concile ou Affemblée Eccléfiaftique, quelques-uns de ces anciens Parlemens, ou Affemblée de la Nation que nos Rois de la première & de la feconde Race, avoient coutume de convoquer, tantôt dans un endroit de leur Royaume, tantôt dans un autre ? Des Rois, des Princes, & autres Perfonnes d'un rang diftingué, ou d'une réputation peu commune, font-elles venues dans ce lieu ? Quelle réception leur a-t'on faite ? Y ont-elles fait quelque féjour ? Y ont-elles fait quelque chofe de remarquable ? Les Guerres Civiles & de Religion y ont-elles fait fentir les funeftes effets de leur rage & de leur fureur ? Quels font les maux qu'elles y ont caufés ? Quelles en ont été les fuites malheureufes ? Y eft-il arrivé des féditions ? A quelle occafion, & quelle en a été la caufe ? S'y eft-il donné des Fêtes dont la mémoire mérite d'être confervée ? N'y a-t'on jamais vu de productions monftrueufes, ou de Phénomenes extraordinaires dans la nature ? En quoi confiftoient ces Phénomenes ? N'y a-t'on jamais éprouvé de malheurs confidérables, des tremblemens de terre, des incendies, des inondations, des orages & des tonnerres particuliers, des famines, des peftes, ou au-

tres

tres maladies contagieuſes, qui ayent fait beaucoup de ravages ?
Quelle eſt la date de ces faits ? Où ſont-ils conſignés ? Dans la Tra-
dition ou les Archives du Pays, ou dans quelque Ecrivain connu ?
Qui ſont ceux qui y ont eu part ?

X.

HOMMES ILLUSTRES.

Quelles ſont les Perſonnes illuſtres, & les Perſonnages ſinguliers,
qui ont pris naiſſance dans ce lieu, ou qui y ont fixé leur ſéjour ? Dans
quel état, l'Egliſe, l'Epée, ou la Robe ; par quelles actions, par quel
genre de talent ; dans quelle Science, dans quel Art, & dans quel
temps ſe ſont-elles diſtinguées ? Qui ſont les Auteurs qui en ont fait
mention ? Quel eſt le jour, ou l'année de leur naiſſance ? Quel eſt
celui de leur mort ? Quelles ſont les particularités intéreſſantes ou cu-
rieuſes de leur vie ? Qu'étoient-ils dans l'intérieur de leur vie privée ?
Si ce ſont des Artiſtes dont on parle, ont-ils laiſſé à la poſtérité quelques monumens de leur talent ? Qui ſont-ils, & où les trouve-t'en ?
Si l'on parle de Sçavans & autres qui ſe ſoient diſtingués dans la Littérature, quels ſont leurs Ouvrages ? Quel jugement en a-t'on porté ?
Ont-ils été imprimés, ou ſont-ils reſtés manuſcrits ? Dans ce dernier
cas quelles ſont les perſonnes qui en ſont en poſſeſſion ?

XI.

MONUMENS DE L'ANTIQUITÉ.

Voit-on dans ce lieu quelques reſtes d'Antiquités, quelque Château ou
Fortereſſe, quelques Tombeaux antiques & extraordinaires, quelques
veſtiges de Camps, d'Aqueducs, quelques apparences de ces grands
Chemins Militaires que les Romains avoient coutume de conſtruire &
d'élever dans tout leur Empire, quelques ruines de Bains & d'Am-
phithéatres, ou autres ouvrages dans ce goût ? Quelle eſt la Tradi-
tion du Pays ſur toutes ces choſes ? N'y a-t'on jamais trouvé, ou n'y
trouve-t'on point encore des Médailles, des Monnoies, des Statues,
des Tableaux, des Inſcriptions, des Bas-reliefs, des Epitaphes, ou
autres monumens antiques ? Si on y en a trouvé, qu'eſt-ce que tout cela
eſt devenu, & où faudroit-il s'adreſſer pour en prendre connoiſſance ?

X I I.

COTES MARITIMES.

Qui a-t'il de remarquable fur les Côtes Maritimes , tels que les Havres , les Ports , les Anfes , les Baies , les Promontoires , les Caps , les Pointes , les Lacs , &c. ? Quel eſt le nom qu'on leur donne aujourd'hui ? Ont-ils porté le même dans tous les temps ? Ce Port , ou ce Havre étoit-il plus confidérable anciennement qu'il ne l'eſt aujourd'hui ? Quel eſt fon état aĉtuel ? Quels font les ouvrages que l'on y a faits en différens temps ? Quelle eſt fa fituation , & quels font les vents propres & favorables pour y entrer & en fortir ? Quelle eſt l'heure précife de la pleine Mer aux jours de la nouvelle & de la pleine Lune ? A combien de pieds l'eau y monte-t'elle dans les grandes & dans les baſſes marées ? Combien peut-il contenir de vaiſſeaux , & de quelle grandeur ? A quelle diſtance de ce Port eſt la grande & la petite Rade ? Le mouillage en eſt-il bon ? Ce Port eſt-il fuſceptible d'aggrandiſſement & d'amélioration ? Quels ouvrages faudroit-il faire pour cela ? Y a-t'il dans les environs quelques Salines ? N'y en a-t'il point eu autrefois , qui ayent été détruites dans la fuite des temps ? Combien y en a-t'il aujourd'hui ? De quelle façon procéde-t'on pour faire le fel ? Y a-t'il quelques Ecueils ? A quelle diſtance font ils , & comment les nomme-t'on communément ? La Pêche eſt-elle abondante fur cette Côte ? En quelles efpéces de poiſſons plus particuliérement ? Y en voit-on qui foient rares & extraordinaires ?

X I I I.

COMMERCE INTÉRIEUR ET EXTÉRIEUR.

A quelle efpéce de Commerce s'adonnent les Habitans ? Quels font les lieux dans la Province , dans le Royaume , & chez l'Etranger , où s'étend leur commerce extérieur ? A quelle fomme , année commune , peut monter le produit des différentes branches de ce commerce ? A-t'il été plus floriſſant anciennement qu'il ne l'eſt aujourd'hui , ou au contraire , l'eſt-il plus aujourd'hui qu'il ne l'étoit autrefois ? Quelles font les raifons de cette révolution ? Y a-t'il dans ce lieu quelques Manufaĉtures , Papeteries , Faĉtures de parchemin , Tanneries , Ganteries , Apprêts de peaux en chamois , Verreries & de quelle efpéce , Faĉtures de Savon , Tapiſſeries , Points & Dentelles ,

Manufactures de Toiles, de Chapeaux, de Draps, de Cuirs & Toiles peintes, Merceries, Clincailleries, &c. ? Y a-t'il beaucoup de riches Négocians, beaucoup de Marchands débitans, beaucoup d'Artifans? S'y tient-il quelques Foires ? Quand, & combien durent-elles ? Sont-elles franches, ou ne le font-elles pas ? Par qui ont-elles été établies ? Y a-t'il Marché ? Quels jours de la Semaine ? Ya-t'il Pofte pour les Chevaux ? Y a-t'il Bureau pour les Lettres ? S'il n'y en a pas, où faut-il les adreffer ? Quelle eft la mefure actuelle du Grain, & en particulier de chaque efpéce de grains ? Combien contient-elle de pots d'Arques, rez ou comble ? Quelle étoit la mefure ancienne? Combien de pots contenoit-elle ? Y a-t'il eu plufieurs mefures ? L'époque de leur changement ? Quelle eft la Perche pour la mefure des Terres ? Combien de Perches à la Vergée, & à l'Acre? Quelle eft la mefure du Bois, foit de charpente, foit à brûler ? En général quels font les Poids & Mefures, réduits à la livre de feize onces dont on fe fert dans le Pays, tant pour les Grains, que pour les Boiffons, & autres Marchandifes ?

X I V.

CANTON OU PETIT PAYS.

Quel eft le nom du Canton ou petit Pays, dans lequel eft fitué le lieu dont on fait la defcription ? Eft-ce le Roumois, le Vexin foit François, foit Normand, le Pays de Caux, le Pays de Bray, le Pays d'Ouche, le Beffin, le Bocage, l'Hiémois, &c. le Maine même & le Perche; ces deux petites Provinces ayant eu trop de relation avec la Normandie, pour pouvoir en être féparées ? Quel eft le nom que les anciens Titres, & les anciennes Chartres donnent à ce Pays ? Quelle eft fon étendue précife, ou quelles font fes bornes anciennes & actuelles ? Connoît-on fes premiers Habitans ? Céfar, & les autres anciens Auteurs en ont-ils fait mention ? Quel eft le Génie, les Mœurs, l'Induftrie, les Fêtes, les Coutumes, & les Loix particulieres des Peuples qui aujourd'hui habitent ce Pays? N'ont-ils rien dans leur langage, dans leurs manieres de vivre, dans leur façon de s'habiller, qui foit extraordinaire, fingulier, ou différent de ce qui fe pratique dans la Province en général ? En quoi cela confifte-t'il ? Quelles font les pratiques & ufages ridicules, fuperftitieux, prophanes, & fouvent auffi fort indifférens, que le peuple & les gens de la campagne obfervent dans certaines occafions & en certains temps de l'année, tels que le Charivari, lorfque des perfonnes d'un âge inégal fe marient, l'ufage des Brandons la veille des Rois, ou le premier Dimanche de Carême, celui de planter un Mai le premier jour du mois qui porte ce nom, & autres cérémonies femblables ?

X V.

BESTIAUX ET CULTURE DES TERRES.

Quelle eft la nature du climat du Pays ? Eft-il froid ou chaud, humide ou fec ? Les grêles, les orages, les pluies, les givres ou frimats, les brouillards, les grands vents & ouragans font-ils fréquens dans ce Canton ? Quelle eft leur influence fur les Habitans, les Beftiaux, & les productions de la terre ? Quelle efpéce de beftiaux y éléve-t'on plus particulierement ? Quelles font leurs qualités ? Y a-t'il beaucoup de Gibier ? De quelle efpéce ? Y éléve-t'on beaucoup de Volailles, des Abeilles, des Vers à foie ? Y a-t'il des Haras en régle, ou le Roi y entretient-il des Etalons ? Y a-t'il beaucoup d'Etangs, beaucoup de Bois & de Forêts ? Combien les uns & les autres contiennent-ils d'acres ou arpens ? Quels font les Bois & Forêts fujettes au droit de tiers & danger ? Quelle eft l'origine de ce droit ? Quelle eft fa nature ? Eft-ce un droit Royal, ou fimplement un droit féodal & domanial ? Y a-t-il beaucoup de Landes & de Bruyeres ? Y a t'il quelques Communes ? Quelles font les Paroiffes qui ont droit d'y envoyer leurs troupeaux ? D'où leur vient ce droit ? Appartiennent-elles au Roi, ou à des Seigneurs particuliers ? Quelles font les bonnes & les mauvaifes qualités des terres ? Sont-elles arrides, legeres, maigres, lourdes, tenaces, fortes, fablonneufes, gluantes, limoneufes, ou autrement ? De quelle façon les cultive-t'on ? Avec des Chevaux ou avec des Bœufs, avec la charrue ou quelqu'autre efpéce d'inftrumens ? Quelle en eft la raifon ? Quelle eft la quantité des terres cultivées ? Quelle eft celle des terres incultes ? Ces dernieres font-elles cultivables, ou ne le font-elles point ? Si elles le font, pourquoi ne les cultive-t'on pas ? Quel eft le prix des bonnes & des mauvaifes terres ? Combien y a-t'il d'acres des unes & des autres dans chaque Paroiffe ? Quelles font les efpéces de productions auxquelles on fe borne dans le Pays, comme Froment, Seigle, Orge, Avoine, Sarrafin ou Bled noir, Bled de Turquie, Pommes de terre, Légumes, Lins, Chanvre, Millet, Vignes, Arbres fruitiers, Herbes propres à la teinture, Herbages ?

XVI.

PRODUCTIONS OU CURIOSITÉS
Naturelles.

Quelles font les productions & curiosités naturelles de ce Pays ? N'y auroit-il point quelques mines de Charbon de terre , de Sel, de Fer, de Plomb , d'Etain , de Cuivre , de Vif-argent ou Mercure , de Cinabre , d'Argent, d'Or , & autres minéraux ? Quels font les procédés que l'on met en ufage pour exploiter ces mines & abréger le travail ? Les Rivieres & Ruiffeaux qui paffent dans ce Canton ne charrient-elles point des paillettes d'or & d'argent, ou autre chofe extraordinaire ? Y a-t'il quelque Carriere de Pierre , d'Ardoife , de Marbre, & autres Foffiles ? Quelle eft la nature & la qualité de toutes ces productions ? Y voit-on quelques Animaux & Volatilles rares & finguliers , des Infectes nuifibles , ou d'autres qui ayent des qualités utiles & avantageufes ? N'y a-t'il point quelques Terres que l'on puiffe employer avec fuccès en Fayances , en Porcelaines , en Peintures , en Engrais ? N'y voit-on point de Pétrifications , des Cailloux , des Criftaux , des Coquillages , des Plantes marines , des Stalactites ou congélations pierreufes & tranfparentes , des Stalagmites ou congélations opaques , des Zoophites ou animaux plantes , des Grotes naturelles ou factices , & autres chofes femblables qui méritent l'attention des Curieux & des Naturaliftes ; des Sources dont les eaux foient minérales , ou qui ayent quelque autre propriété falutaire , nuifible , ou curieufe ; des Fontaines intermittentes & intercalaires , des Lacs inflammables , des Ruiffeaux qui fe cachent & qui reparoiffent , des Eaux thermales & pétrifiantes ; des Simples peu communs , dont la vertu ne foit pas bien connue , ou qu'on trouve difficilement ailleurs ? &c. &c.

Il ne faudroit rien négliger : Ce qui paroît fans conféquence , les traditions des gens de la campagne , les fables les plus groffieres du peuple , un ufage bizarre , une dénomination finguliere donnée à un Champ , un Bois , un Pré , une Riviere , une Montagne , un Rocher , un Lac : Tout cela & autres chofes dans ce goût , donne fouvent des ouvertures , & peut conduire à des connoiffances fort curieufes & très-utiles.

Au refte , que la difficulté de répondre à quelques unes de nos queftions , ne nous prive pas des réponfes que l'on pourroit faire à d'autres Articles. N'eût-on à nous communiquer qu'un trait d'hiftoire , une anecdote, une simple remarque, on nous obligera toujours beaucoup de nous en faire part, & nous ne manquerons point d'en faire honneur à ceux à qui nous en aurons obligation. Lorsque les Mémoires que l'on nous adressera feront exacts & suffisamment travaillés, nous les ferons imprimer, tels qu'on nous les aura envoyés, & avec le nom de leurs Auteurs. Par-là le Public sera en état de leur rendre toute la justice qu'ils mériteront : Et, ce qui nous flattera infiniment, nous ne pourrons mieux leur témoigner notre reconnoissance.

Nous prions les personnes qui auront quelques Mémoires à nous communiquer, de vouloir bien y joindre, autant que cela se pourra faire, les pièces justificatives ou les preuves de ce qu'ils auront avancé, ou indiquer les sources où elles se trouvent, afin de ne rien donner au Public que nous ne puissions lui garantir. Nous n'osons pas demander le Plan des Villes & autres lieux remarquables, les Desseins des Edifices, des Tombeaux, des Bas-reliefs, & autres monumens qui en mériteroient la peine. Ceux qui voudront bien nous obliger jusqu'à ce point-là, peuvent compter sur une parfaite reconnoissance de notre part.

Quant aux moyens de nous faire parvenir ces Mémoires, nous prions qu'on ait l'attention de se servir pour cela d'une voie moins onéreuse pour nous que celle de la Poste. On peut facilement saisir les occasions de les faire remettre à notre adresse aux Maisons de la Congrégation de Saint Maur qui feront le plus à la portée de ceux qui nous feront l'honneur de répondre à nos Questions.

Les Religieux Bénédictins de la Congrégation de Saint Maur, Historiographes de Normandie.

A Rouen, De l'Imprimerie de RICHARD LALLEMANT, Imprimeur du Roi, près la Rougemare. 1760.

AVEC PERMISSION.